Julia Cimafiejeva

DER ANGSTSTEIN

JULIA CIMAFIEJEVA

DER ANGST STEIN

Aus dem Belarusischen von
Tina Wünschmann sowie
Thomas Weiler, Uljana Wolf und Lydia Nagel

Mit einem Vorwort von Uljana Wolf
und einem Essay der Autorin

edition.fotoTAPETA

INHALT

Vorwort
Uljana Wolf 7

die postkarte / Паштоўка 10
Frühling auf dem Schlossberg / Вясна на Шлосбергу 14
Interview / Інтэрв'ю 18
geduldsunterricht 22
briefe 24
Schnee auf dem Schlossberg 27
Sonntag 29
verhaftet 31
Videoverbindung 34
selbstporträt als avocadokern 36
eine woche in Graz 38
der schrei 40
My European Poem 41
Mother Tongue 45
Im Verließ der Sprache 48
tollkirschen 50
BGNG 52
Schwertblume 54
mädchen mit ungewaschenem kopf 57
Königin-Maud-Land 60

Zwiebelzöpfe 63
Im Hof der Familie 65
Im Garten der Ahninnen 67
das steinchen 70
Spiele mit Erinnerung 73
1986 76
Anordnung 78
Kein Film 81
meiner großmutter 84
meinem großvater 87
Der Angststein 89

Als sich meine Zunge löste – Essay
Julia Cimafiejeva 93

ANSCHREIBEN GEGEN DIE ENGE

Es ist kein Zufall, dass Julia Cimafejeva berührender und aufrüttelnder Gedichtband, in dem die Repressionen ihres Heimatlands Belarus deutliche Spuren hinterlassen haben, mit einer Postkarte beginnt. Genauer, er beginnt mit einem Gedicht, in dem Postkarten geschrieben werden. Es sind keine luftigen Reisenotizen, die da geschrieben werden, auch wenn sie Sonnenuntergänge zeigen. Es sind Karten aus dem Grazer Exil, die das lyrische Ich an Unbekannte und Freunde ins Gefängnis schickt, „um das grau der unfreiheit / zu schmücken / mit einem schönen bild". Auf manchen sind „breite fenster" von Bürgerhäusern abgebildet, doch auch die Fenster lösen in der Kartenschreiberin zwiespältige Assoziationen aus: „fenster / aus denen (vielleicht) / einst ausgestreckte hände / den befreier begrüßten". Fenster, vielleicht. Befreier, vielleicht. Auf fast unheimliche Weise ist das Viereck der Karte zum Viereck des Fensters geworden, und beide geben Ausblick in die Verheerungen Europas, die brüchig gewordene Freiheit, die Kontinuität der Gewalt. Manchmal, nur manchmal, kommt eine Karte zurück: „eine postkarte aus dem gefängnis / damit ich nicht vergesse // woher".

Julia Cimafejeva, das spürt man in nahezu jedem Gedicht, schreibt an gegen das Vergessen „woher": Woher man stammt, woher die Unfreiheit stammt, woher die Gewalt stammt, woher der Widerstand stammt, woher schließlich, trotz allem, das Schreiben stammt. Zumal nach der Niederschlagung der

Proteste vom August 2020. Neben den Versen, die das Leben im autoritären Belarus destillieren, oder Versen, die von der Ruhelosigkeit des Exils und den Ängsten um zurückgebliebene Freunde und Familie handeln, sind es vor allem die Gedichte über Kindheit und Jugend auf dem Lande, die nachwirken. In sparsam und genau getakteter Bildsprache werfen diese Texte – wie auch Julia Cimafejevas wunderbarer Essay – Schlaglichter auf das Klima der achtziger Jahre, den ländlich-harschen Alltag der Sprachkargheit, in dem die Autorin wie eine Fremde heranwuchs, und die unterdrückten Traumata, die Geister Tschernobyls. In ihren genauen Beobachtungen stößt die Dichterin auf das „kernchen / kindlicher angst", wie es im Gedicht „tollkirschen" heißt, den Anfang der Zerstörung, das „pelzige" im Innern, das sich auf die Zunge legt, wenn man versucht, frei zu sprechen. Auf die Sprache aber ist, damals wie heute, kein Verlass – auch sie ist „Gefangenschaft", „Straflager", überwucherte Geschichte im „Garten der Ahninnen", oder eben ein über Generationen gehärteter „Angststein", der sich, in einem der eindrücklichsten Gedichte dieser Sammlung, der Autorin wie eine erstickende Nabelschnur um den Hals legt.

Wie ihre Kollegin, die Dichterin Valzhyna Mort, die heute auf Belarusisch und Englisch schreibt, reflektiert auch Cimafejeva die prekäre und widersprüchliche Verbundenheit mit dem Belarusischen, dieser – wie Gilles Deleuze und Félix Guattari sagen würden – ‚kleinen' Sprache, zwischen ländlichem und urbanem Raum, zwischen Tradition und Revolution. Die Sprache – oder vielmehr: die Sprachen – sind ausnahmslos Schreckenskammern all des erlittenen Leids des zwanzigsten Jahrhunderts, wortkarg verschlossen wie ein „Verließ". Aber sie schießen zugleich lebenshungrig, unabhängig und „gelenkig" in die Arena der Gaumenkuppel empor, wie es im Gedicht „Mother Tongue" heißt – Trotz und Triumph, Trauer und Geschichtssumpf in einem.

„mir ist eng auf der postkarte / sie kann nicht alles fassen" notiert Julia Cimafejeva kurz nach der Ankunft im Grazer Exil. Unwillkürlich will man einen Vergleich ziehen zwischen dem Schreiben von Postkarten ins Gefängnis und Cimofejevas Schreiben von Gedichten in diesen dunklen, von Willkür, Krieg und Unfreiheit bedrohten Zeiten. Ja, es wird eng im Gedicht. Es kann nicht alles fassen. „Der Efeu war wach, / ich erzählte ihm alles, / er glaubte es nicht."

Die Frage, die viele von uns umtreibt – wie schreiben in diesen finsteren Zeiten, in denen die Freiheit so vieler, mit anderen Worten: unser aller Freiheit, auf dem Spiel steht –, sie stellt sich hier nicht. Oder vielmehr, sie wird ohne Zögern beantwortet, indem Julia Cimafejeva zeigt, dass das Schreiben von Gedichten sozialer Akt ist, Ansprache an ein Du, körperliches Begehren und Aufbegehren. Dass Schreiben Überleben bedeutet, gerichtet gegen die Einsamkeit des Exils ebenso wie die Einsamkeit der Gefängniszelle. Und dass in diesem Akt, mag er auf noch so kleinem Raum stattfinden, einem Fenster, einem Vers, oder in einer menschlichen Geste, dennoch die Hoffnung liegt.

Uljana Wolf

die postkarte

ich lebe
wie auf einer sonnengefluteten postkarte –
rote dachziegel auf bürgerhäusern
kopfsteingepflasterte altstadtstraßen
breite fenster
aus denen (vielleicht)
einst ausgestreckte hände
den befreier begrüßten

inmitten der stadt
ein berg ein fluss eine ruhe
und in der ecke Liebe Grüße

ich sandte
solche karten ins gefängnis
um das grau der unfreiheit
zu schmücken
mit einem schönen bild

mir ist eng auf der postkarte
sie kann nicht alles fassen
muss sie aber auch nicht

doch
jenseits ihrer grenzen

Паштоўка

жыву
як на залітай сонцам паштоўцы --
рудая дахоўка камяніц
брукаваныя вулачкі старога места
шырокія вокны
у якія (магчыма)
некалі высоўвалася рука
вітаючы вызваліцеля

а сярод горада гара рака спакой
і ў куточку Liebe Grüße

я дасылала
падобныя ў турму
расквеціць
шэрань няволі
прыгожаю карцінкай

мне цесна на паштоўцы
яна не можа ўвабраць усё
хоць і не мусіць

але
за яе межамі

krieg und zerstörung
feuer und gedröhn

noch fern

*

auf meinem fensterbrett
steht eine andere postkarte

darauf ein sonnenuntergang
über einer anderen stadt

ein türkisfarbener trolleybus
winkt an der haltestelle jenen
mit seinem geweih, die ihn nicht mehr
erreicht haben
in erregung
ein bunter schornstein
orangefarbener asphalt
und die aufschrift „Kupalinka"

eine postkarte aus dem gefängnis
damit ich nicht vergesse

woher

März – Mai 2022

вайна і разбурэнне
агонь і грукат

пакуль далёкі

*

і на маім вакне
перад вачыма
паштоўка іншая

на ёй заходзіць сонца
над іншым горадам

тралейбус туркусовы
памахвае рагамі на прыпынку
тым хто не здолеў стаць
ягоным пасажырам
ў напружанні
барвовая труба
аранжавы асфальт
і надпіс “Купалинка”

з турмы паштоўка
каб я не забывала

адкуль

сакавік – травень 2022

Frühling auf dem Schlossberg

Espenbaum, dein Laub blickt weiß ins Dunkel.
P. Celan

Akazie, schläfst du noch?
Schlaf nur, schlaf!
Niemand wird dich wecken.

Linde, Linde, schläfst du noch?
Schlaf nur, schlaf!
Niemand wird dich wecken.

Ahorn, Ahorn, schläfst du noch?
Schlaf nur, schlaf!
Niemand wird dich wecken.

Doch wenn die Sonne
den Nebeltraum vertreibt,
wenn der Regen
die Furchen der grauen Rinde ausspült,
wenn ihr Schmerz,
Freude und Jucken
in den Zweigspitzen spürt,

wenn ihr endlich wieder aufwacht,
meine jungen Freundinnen,
wollt ihr dann hören,
dass mit dem Frühling

Вясна на Шлосбергу

Асіна, тваё лісце бліскае белізной у цемры.
П.Цэлан

Акацыі, вы яшчэ спіце?
Спіце, спіце!
Ніхто вас не будзіць.

Ліпы, ліпы, вы яшчэ спіце?
Спіце, спіце!
Ніхто вас не будзіць.

Клёны, клёны, вы яшчэ спіце?
Спіце, спіце!
Ніхто вас не будзіць.

Але калі сонца здзіравіць
шарыя сненні,
калі дажджы высцебуць
барозны на шэрай кары,
калі вы адчуеце боль,
радасць і сверб
на кончыках галін,

калі прачняцеся ўрэшце,
мае маладыя сяброўкі,
ці захочаце вы пачуць,
што з вясною

der Krieg gekommen ist?

Der Efeu war wach,
ich erzählte ihm alles,
er glaubte es nicht.

März–Mai 2022

прыйшла вайна?

Плюшч не спаў,
я ўсё яму расказала,
і ён не паверыў.

сакавік – травень 2022

Interview

Ich erhielt die Fragen
für das nächste West-
interview.

Was denken Sie, welche Rolle spielt
der eine Diktator
für die kriegerische Aggression des anderen
Diktators? Bla-bla-bla.
Bla-bla-bla. Bla-bla-bla.
Bla-bla-bla. Bla-bla-bla.

So viele Jahre schon vermehren sich
ein und dieselben Worte,
werden ausgesprochen,
emotional und überzeugend,
erklären und warnen:
A double-headed monster
is growing near your borders.

Es gibt immer Papier für die Zeitungen,
Es gibt immer Geld für Honorare –
für Journalisten, Fotografen, Designer,
Illustratoren und Layouter.
Damit sie auf dem Cover strahlen können,
die riesigen Lächeln
der Menschenfresser.

Інтэрв'ю

Атрымала пытанні
для чарговага заходняга
інтэрв'ю.

Як вы думаеце, якая роля
аднаго дыктатара
ў ваеннай агрэсіі іншага
дыктатара? Бла-бла-бла.
Бла-бла-бла. Бла-бла-бла.
Бла-бла-бла. Бла-бла-бла.

Столькі год множацца
тыя самыя словы,
прагаворваюцца
эмацыйна і пераканаўча,
тлумачаць і папярэджваюць:
A double-headed monster
is growing near your borders.

Выдаткоўваецца папера на газеты,
выдаткоўваюцца грошы на ганарары
журналісту, фотаграфцы, дызайнерцы,
ілюстратару і вярстальніку.
Каб прыгожа глядзеліся на старонцы
вялізныя ўсмешкі
людажэраў.

Wie Plastiktüten,
die nicht recycelt werden können,
verwesen langsam
Gigabytes alter Interviews
auf dem Müllhaufen der neuesten Geschichte.

Niemand wird sie wieder lesen,
wenn man doch immer ein neues machen kann.

Was, denken Sie, könnte
in der aktuellen Situation
Putin aufhalten?

Zuverlässig arbeitet die Gasleitung des Krieges,
emsig fließt das Erdöl durch die Rohre,
hunderte Interviews, morgen vergessen,
erscheinen jeden Tag.

Wir tun alles, damit er nicht beginnt,
der Dritte Weltkrieg.

März 2022

Нібы пластыкавыя пакеты,
што не падлягаюць перапрацоўцы,
гігабайты старых інтэрв'ю
гніюць паволі
на сметніку найноўшай гісторыі.

Ніхто не стане іх перачытваць,
калі заўсёды можна ўзяць новае.

Дык як вы думаеце, што
ў цяперашняй сітуацыі
можа спыніць Пуціна?

Спраўна працуе газаправод вайны,
дзелавіта цячэ нафта па трубах,
сотні інтэрв'ю, якія заўтра забудуцца,
выходзяць штодня.

Мы робім усё, каб не пачалася
Трэцяя сусветная.

сакавік 2022

geduldsunterricht

auf dem rücken
spüre ich

wie der frost mit den fingern
kindhaft
die wirbel
zählt
der frost macht
schreibübungen
drückt
den blauen stift
ins weiße papier der haut

er schreibt
schmerz gewalt geschrei gestöhn

er schreibt *böse*
tod henker

das hautpapier erduldet
seine krakelige schrift

denn der frost
lernt ja noch
denn die worte
sind ja nur worte

ich muss vergeben
dem dilettantismus
der eisigen finger

ich muss vergeben
reiß nicht, haut!
brich nicht, rückgrat!
soll er üben

er braucht noch
so viel übung
so viele rücken

Dezember 2020

briefe

1

schreibst du?
ich schreibe

vom gold auf den ovalen akazienfingern
von aschgrauen eidechsenrücken in ruinen
vom buddeln der dachse in der dämmerung
von den morgenritualen des spechts
vom letzten summen der herbstbienen
unter der klöppelblüte des baumes
dessen namen ich, obgleich wir ganz nah wohnen,
nicht kenne

davon, wie die krankheiten vorübergehen
davon, wie die kräfte zurückkehren
davon, wie für uns
alles gut wird

aber davon
wie der jahresring
mir die kehle eindrückt
davon wie schwer es sich atmet
im eisschrank der tränen
davon wie das lächeln

längst verwelkt ist
zur schwarzen beere
vertrocknet ist
schreibe ich nicht

ein brief ins gefängnis
muss immer
zauberformel sein
oder gebet

September 2021

2

über den weißen rücken,
als wär's die in der ferne zurückgelassene katze,
streichle ich das kuvert
und klebe die marke auf, gebe ihm
damit eine schillernde seele –
eine kuhseele, eine wolfseele,
eine klarinettenseele,
eine Margarethe Schute-Lichocki-Seele,
österreichische architektin, die
das antlitz der modernen küche erdachte,
in der nazizeit einsaß, weil
sie kommunistin war,
und mit (fast) 103 jahren an grippe starb.

in meine kuverts mit ein-euro-seele
passt nicht viel:
eine postkarte zum geburtstag
oder ein brief, noch eine blankopostkarte,
rückumschlag mit kartoffel-
seele, belarussischer.

die waage zeigt 19 gramm,
mehr trägt es nicht.
wie wenig wir alle
vermögen.

das rätsel aber, das mich umtreibt:
werden sie dort
verbrannt oder weggeworfen?
verbrannt oder weggeworfen?
oder vielleicht schreddern sie
die kätzchenpostkarten,
die beschriebenen bögen, die kuverts
mit den kartoffeln, den klarinetten
und dem wolf, und nur das lächeln
der kommunistin Margarethe
blitzt für einen moment
und verschwindet dann im müllmeer,
denn kätzchen können nicht schwimmen.

Oktober 2021

Schnee auf dem Schlossberg

ich dachte
ich würde hier allein sein
ich wohne auf dem berg
ich habe
den geheimen schlüssel zum tor
ich habe
das recht auf diesen nassen schnee

doch
hinter dem tor treffe ich
einsame spaziergänger

unter kapuzen
unter schirmen
verstecken sie
ihr staunen
und suchen
behutsam
bei den anderen spazierenden
rührung –

österreichische alte
die die winter kennen
des zwanzigsten jahrhunderts
fremde aus ländern

in denen es keinen schnee gibt
hundehalter
und selten familien

so verstecke auch ich
mein staunen
in der mütze

dabei könnten wir
wie diese beiden hunde
ein roter und ein dunkler
an dünnen leinen
unter dem stolzen lächeln der herrin
winseln und bellen
im schnee tollen
vor freude springen

könnten wir
tun wir aber nicht

05. – 19. Dezember 2021

Sonntag

Sonntag. Graz, Österreich.
Auf dem Schlossberg lärmen
Sportveranstaltungs-
organisatoren. Es ist
sonnig, +26.

In Minsk aber werden
aus der Mietwohnung des Bruders
Dinge getragen: Kleidung,
Bücher, die Gitarre – nur sie ist
unschuldig an Verbrechen,
nur sie wurde nicht verhaftet.
Pech hatten
die Diplome und der Wehrpass,
(mit den Zähnen?) zerrissen
von Spezialkräften, während
mein Bruder und seine Frau
im Gefängnis sitzen, weil sie Dudelsack
spielten, letztes Jahr im August.
Dabei hatten sie nicht einmal gespielt.

In Afghanistan aber haben die Taliban
Kabul erobert. Und Präsident
Ghani flüchtete im Flugzeug.
Gerade rechtzeitig. Russland sagt,
alles sei in Ordnung.

Unter den russischen Diplomaten
in Afghanistan
sind wie viele
Frauen?

Auf dem Schlossberg ist es
+25, sechs Uhr abends,
die Sonntagsglocken läuten.
Auf dem Schlossberg
zwitschern nach dem Donnern
die Meisen und bald werden
über der Hecke
zwei Fledermauspaare flattern.
Die Sportorganisatoren
lärmen nicht mehr.
Erleichterung.

Irgendwo aber ziehen Frauen
Burkas straff bis zu den Fersen
und beten zu Allah
um Errettung vor der Liebe
der Gottesfürchtigsten.
Irgendwo aber klopft mein Bruder
einen Rhythmus an die Metallliege
um zu erraten
in welcher Zelle
sie stecken mag,
seine geliebte Stimme.

15.08.2021 – 14.01.2022

verhaftet

durch den schwarzen spalt
im betonzaun
versuche ich
das langnasige profil
des peinigers
auszumachen

ist es dserschinski
der euch schindet
im milizabschnitt von baraŭliany?
der armlose dserschinski
unterschreibt mit gespitzter nase
eure protokolle
und verschickt euch
arme hinter den rücken
in handschellen oder bindern
(vom zaun aus nicht zu sehen)

in den transporter
weiß und regelmäßig
wie ein kühlschrank?

VERHAFTET

nun stehen auch wir
und warten

auf dieser seite des zaunes

wir spähen wie kinder
durch den spalt
nach dem steinernen peiniger
nach dem holprigen gang
des fahrers
nach den blitzenden helmen
der kosmonauten
im licht des orangeroten lämpchens

das milizlämpchen
befolgt auch nur befehle
das lämpchen versteht auch immer
die kommandos an/aus
das lämpchen hat geschworen
dem volk treu zu dienen
der Republik Belarus
und wird leuchten oder nicht leuchten
ganz wie ihm der oberbefehlshaber befiehlt

der kahle anführer
im dunkeln menschenähnlich
wedelt mit einem weißen fähnchen
mit den namen unserer nächsten

treten sie weg vom zaun
sie behindern den vorgang
sie stören die arbeit
heute wird keiner freigelassen
alle fahren nach schodino

hinter dem zaun
grinst gefällig
die büste
verfasst mit der nase
protokolle

am tage sah ich
durch den spalt
es ist nicht felix dserschinski
es ist genosse frunse

derselbe dreck

November 2020

Videoverbindung

Habt ihr auch genug zu essen?
Fragt meine Mama,
und schaut suchend
in unsere kamerageglätteten
Gesichter.
Natürlich!

Hungert ihr dort auch nicht?
Fragt deine Mama,
während sie in den
weit entfernten Lächeln
Sattheit zu erkennen sucht.
Wir verpflegen uns gut!

Wir plaudern,
werfen einander über's Netz
leichtes Lachen zu wie einen Apfel.
Abwechselnd beißen wir ab
von seinen überreifen Bäckchen
und werfen dann zurück.

Uns geht es gut. Und euch?
Uns geht es gut. Und euch?

Doch ich höre, wie in den
erwachsenen Bäuchen
die Glöckchen der Kindheit anklingen.
Wie zwischen den Worten
die gierigen Wespen
der Erinnerung surren.
Wie unter zugewachsenen Gräbern
über tausende Kilometer hinweg
über tausende Gigabytes hinweg
die Knochen derer
klirren,
die niemals-nie
genug zu essen hatten.

Wie, verborgen vor Fremden,
der ewig lebendige
Welpe namens Hunger
wimmert:

Auu! Auu!

Mai – August 2021

selbstporträt als avocadokern

je größer der kern
desto schneller
wird sie wachsen –

ich las tipps
bevor ich drei zahnstocher
in ihre harte schale
bohrte

bevor ich die
geschlossene arche
des kerns
in ein wasserglas senkte

eines morgens platzte
plötzlich
die schale
zerbrach
der pralle kern

als stünden nun
zwei welten
einander gegenüber

man könnte sie nennen
hier und dort
west und ost
fremd und eigen
letztlich
            sie und wir

könnte man

wär' da nicht die wurzel
die zu wachsen beginnt
zwischen
den zwei hälften

wär' da nicht der stängel
ein kleiner kopf
aus dem wasser gereckt

schau
wie jemand
aus der arche klettert
auf der suche nach neuem land

das bin ich

Mai 2020

eine woche in graz

ich trug
den schwarzen koffer mit der angst
den weißen koffer mit den tränen

stellte sie auf die schwelle
des fremden hauses
setzte mich auf sie
den rücken zum weg
mein blick
streichelte die fenster

der kopf schmerzt
das herz schmerzt
die koffergeplagten hände
schmerzen

meine stimme
ist keine pflanze mehr
die leicht ins weite strebt
krumme wurzel
hinter die zunge
durch die kehle
wuchs sie tief
in den leib hinein

als ich meinen leib
in den rosaroten koffer
packte
verbiss sich die schuld
im sonnengeflecht

sie ist noch immer dort

ich bin noch immer dort

27./28.11 – 10.12.2020

der schrei

erst wenn du
aus ganzer kraft
in den schwarzen abgrund
deiner selbst
geschrien hast,

fühlst du
wie tief es dort ist,
und wie leer.

My European Poem

This poem should be written in English.
This poem should be written in German.
This poem should be written in French,
In Swedish, in Spanish, in my adorable Norwegian,
Maybe in Finnish, Danish and Dutch.
Baltic languages should decide for themselves.
No Belarusian version to the poem,
No Russian version to the poem,
No Ukrainian version to the poem.
The rest is your choice.
This poem should be written in the languages
Of human rights organizations,
Of those multiple concerns expressed
by European politicians.

So
Shall I get used to the thought
That I could be taken to prison
By the men wearing black,
By the men in plain clothes,
By the men with four fat letters
On their fat black backs?
Otherwise, my country
Won't gain any freedom.
And it could not work anyways,
As usual.

I do not take lightly that I could
Be beaten and ultimately
Found guilty because
(They would say)
I cried antistate slogans like "Freedom!"
Or "Release all political prisoners!"
Though I would not need to cry these words out loud
In order to be arrested or beaten.
I won't have to cry anything,
I won't have to do anything,
Just stand silently, just be.
I know I have to get used to that thought
Just in case, because it's so likely to happen.
(Oh, my! I haven't yet saved those numbers
to contact in case of detention.)

I can't say that in Belarusian,
I can't say that in Russian,
I can't say that in Ukrainian,
Only in English: I am afraid,
Only in German: Ich habe Angst,
Only in Norwegian: Jeg er redd.
That's enough, for other variants,
Please, use Google translate.
The translations should be more
Or less accurate. These are not
Those strange Eastern European languages
With their funny Cyrillic letters.

I'm afraid
Like you would be in my place,
If you lived in a country that is not free
Where they've had the same president
For 27 (!) years. Oh, my god! more than
Two thirds of my life I've spent
Under the power of a madman
Whom I've never voted for!

Sorry, it's a long poem,
Because it's a long story,
I spent more than two thirds of my life
Under the power of the man
I've never voted for,
Who harassed and suppressed and killed
(They say).

And when I come to the literary festivals abroad,
And when I speak English
I try to tell the complicated history of my country
(When I am asked)
As if I am another person,
As if I am like all those European poets and writers,
Who do not have to get used to the thought
That they could be arrested and beaten
For the sake of their country's freedom.
As if my ugly history is just a harsh story
That I can easily cut from *The Anthology of*

Modern European Short Stories because
It's too long,
And too dull.

When I tell it in English,
I want to pretend that I am you,
That I don't have that painful experience
Of constant protesting and constant failing,
That nasty feeling of frustration and dismay.
I want to pretend that I have a hope,
Because when I tell it in Belarusian
I realize, we all realize, there is none.

So, forgive me my nagging in a half-broken English,
My Eastern European never-ending complaints,
As having read the books you've read,
I still want to have hope,
I still believe I have a right for hope,
That beaten hope that builds its nest
On my roof and sings
In Belarusian
(Not in Russian).

August 5, 2020

Mother Tongue

Ich habe Mutters rotes Zünglein.
Ein gelenkiges Jünglein
es
          biegt sich nach allen Seiten
es
          springt durch die Zahnreifen
es
          fliegt

aus der feuchten Arena der Kiefer
          hoch zur Gaumenkuppel
(schon wieder: der Zirkus …!)

Mama, ich habe im Mund
dein rotes Zünglein.
Du sahst zu
wie ich lernte
mit ihm zu sprechen
wie ich deine süßen
Worte leckte
wie ich durstig deine
Bruststimme saugte

wie ich verlangte: mehr.

Mama, ich habe im Mund
dein rotes Zünglein.
Ich trank deine Milch
damit es wächst
und Gewicht gewinnt
und das Köpfchen halten lernt
in der Speichelwiege
und zu krabbeln beginnt
von Wange zu Wange.

Damit wir endlich
sein kindliches Brabbeln hören.

Mama, ich habe im Mund
dein rotes Zünglein.
Es wurde nie erwachsen.
Es wurde kein ordentlicher
Mann. Ein Jünglein
das sich lieber anzieht
wie ein Mädchen.

Mama, ich lerne jeden Tag
sprechen. Ich lerne
sprechen in Sprachen
die dir fremd sind, über Dinge
die dir fremd sind. Du gabst mir das Leben –
ich eröffnete drin eine Schule
für Fremdsprachen.

In meinem Mund aber bleibt
allein eine Zunge.
Es ist deine.

Aus dem Belarusischen von Uljana Wolf

Im Verließ der Sprache

Die Sprache ist das Verließ,
in das sie uns steckten
für den Unwillen
und die Unfähigkeit
ALLES in uns aufzunehmen.

Wir lechzen nach Grenzen und Mauern,
nach dem Stacheldraht der Zeilen,
um uns auf sie zu werfen
im Ausbruchsversuch
uns lebendig zu fühlen.

Von kleinauf in der Sprache verfangen
kennen wir kein Leben
außer der Gefangenschaft,
keinen Himmel
außer dem vergitterten,
kein Essen, außer der Fastensuppe
leerer Alltagsgespräche.

Niemand hat uns gefragt,
ob wir geboren werden möchten.
Niemand hat uns gefragt,
ob wir sprechen möchten.

Die Erinnerung hält uns hier,
und der einzige Ausweg heißt –
Vergessen.
Doch jenseits der Sprachgrenze –
kainsche Einsamkeit,
denn Vergessen ist Mord.
Eine der furchtbarsten,
der bittersten Sünden
ist die mutwillige Flucht
aus dem Straflager der Sprache.

Sich befreien –
verstummen –
spüren,
wie sich die gewaltige Brust
des Universums erhebt.

Und in seinem entfesselten Lärm
keinerlei Sinn zu finden.

tollkirschen

berühre pflücke öffne
unser weiches geheimnis
koste
    der leuchtenden beeren
prächtiges rätsel

so singen
zwischen blattwerk versteckt
die schweren trauben

so betören uns
unentwegt
ihre stummen gebete

nimm nicht berühr nicht weck nicht
die kummerbeeren
mit dem kernchen
        kindlicher angst
mit dem pelzigen innern
erwachsenen hohns

sie jaulen
die giftigen beeren
        an den zweigen
                des faulbaums

dunkel
wie mutters blaue flecken
bitter
wie vaters fäuste
glitschig
wie rotz
auf kinderwangen
verschmiert

da verkriechen sie sich im gestrüpp
da verbergen sie sich im laub
die kleinen schelme

nicht beeren, unbeeren

wenn du den mund geöffnet hast
wenn du sie in den mund gelegt hast
spuck vergiss zerdrück
kein zurück

such nicht vergebens in ihnen
linderung
es bringt nur mehr
schmerz

ich sage dir
mehr schmerz

BGNG

dunkelheit
rot
ekel
warm
weich und feucht
noch nichts geworden
kein fischlein
keine knospe
keine klebrige lindenfrucht

jemand sollte es sein
nichts ist es geworden
nichts geworden
nichts

sollte aber werden
etwas
jemand
ein fischlein
ein blümlein
ein eichhörnchen
nichts
geworden
sch-sch-sch-sch
mehr-z
als

-gang
ging weg
gebierst
ein neues
bist noch jung

was?

Schwertblume

Julia-Zwiebulia
die knoblauchzähne fletschend
drischt der klassenkamerad
in der schulturnhalle
böse den ball

warum hast du so krumme beine?

hinter seinem rücken lauern
die wolfsaugen
der anderen

Ich bin eine zwiebel
hab mich selbst gesteckt
im drückenden dunkel des zimmers

eingeschlossen
öffne ich mich
strecke die wurzeln aus
lange und ultrakurze
wellen sauge ich
süße feuchtigkeit
des betörenden grünen rauschens
vaters alter
rundfunkanlage

warum hast du so schmale augen?

Ich bin eine zwiebel
betäubt von der eigenen andersartigkeit
wickle ich mich in häutchen
werde runder böser größer
unter lärm und laut
unbekannter planeten
höre ich ganz ohr
die musik des eigenen körpers

warum hast du so eine kahle stirn?

Ich bin eine zwiebel
unersättlicher
hartnäckiger spross
breche ich aus dem joch
der heimischen scholle

Ich ziehe
aus der zwiebelscheide
das spitze schwert
das scharfe schwert
ich durchsteche
den ball
ich durchbohre
die wolfsaugen

mein liebes schwert
glüht rot in üppiger
blüte

Ja, ich bin eine zwiebel,
die zwiebel einer Gladiole.

mädchen mit ungewaschenem kopf

mädchen mit ungewaschenem
                                        kopf
verklebte gedanken
ein armvoll aufgehäuft
                          wie feuerholz
für den kessel

stapel eine elle hoch
in den dunklen herd
und zünd' es mit dem span an
und der zeitung Neuer Tag

entflammte gedanken
im ungewaschenen kopf
auf der pickeligen stirn
rotglühend
             der mückenstich der versuchung
ich   werde   nicht
leben
             so wie ihr

weißer schemel mit linien
verfrühter alterung
weiße schüssel mit muttermalen
                                        von rost

und nur das wasser darin
                                   ist noch jung
wie meine schwester

ich beiße mir selbst
                                   in den schwanz
zerlege den zopf
bis zum nacken hinauf
befreie mich
                  von der engen
                                   gipüre

der zopf wächst
mit den wurzeln nach oben
aus der kugel meines kopfes
                                                     hängt er
bis zu den lenden
ziehst du ihn
                  am ende
reicht er vielleicht auch
                  bis zum po

doch der po wächst
schneller als der zopf
und die brüste sind schon kugeln
die nach innen bluten
und sich äußern
in monatsschmerz

in die weiße schüssel lege ich
            die kugel meines kopfes
streichle mit den fingern
das sumpfgras der haare

jetzt wasche ich dich ab
mit der milch der seife
jetzt wasche ich von dir ab
die milch der kindheit

bald altert das wasser
ich muss mich beeilen

Königin-Maud-Land

wir beide waren herrscherinnen
(der politischen karte) der welt

auf den grauen tapeten
wirkte die welt
erhaben und fleckig
wie ein riesiger kuhbauch
als schutzschild über dem
kinderbett aufgespannt

da das violette Frankreich
da das gelbe China
da der rosa hase Australien
da unsere großohrige Heimat
und überall verstreut
schutt und asche der inseln

mit den händen strichen wir
über den bunten bauch der welt
von Mexiko zu den Philippinen
nahmen sie in schwitzige umarmung
silbe für silbe lasen wir
ihre sinnlosen wundernamen
spielten mit ihnen
spülten all ihre meere
von mund zu mund

und als der kopf kreiste
von ihrer unbehaglichkeit
ihrer unerreichbarkeit
fielen wir auf die kissen und
bedeckten uns erschüttert von oben bis unten
mit lachen

vor dem schlaf
betrachtete ich
die weiße Antarktis
Bellingshausensee
Wilkesland
Königin-Maud-Land

eine einsame frau
auf dem kalten grenzenlosen kontinent
maudische schnee-
königin
zwischen unstillbarem schneegestöber
weißen bären
und ewigem eis

Maud Charlotte Maria Victoria
erhielt ihre bildung
zusammen mit den schwestern hatte
musisches gehör und eine neigung
für sprachen eine phänomenale taille
von 46 zentimetern und wurde
die erste königin des freien Norwegen

wie alle wollte auch ich
königin werden
wirklich
          um die welt reisen
und fernen ländern namen geben
oder wenigstens einer winzigen insel

Dich habe ich nie gefragt:
Was wolltest du eigentlich, Schwester?

Zwiebelzöpfe

Eine größere Zwiebel ziehst du nicht –
in der Sonne trocknen die der Erde
entrissenen Knollen.

„So", – beugt sich
der Großvater
über die dreckige Decke,
greift die Zwiebeln an ihren toten
Federn,
rafft sie zusammen und fädelt sie
auf den weißen Faden,
und geht schweigend davon
erwachsene
Arbeit
verrichten.

Unter dem Dachschiefer
hüpft der Staub
zur zarten Flöte des Lichts,
vom Sommer betörte Luft
kitzelt in der Nase.

Wir sind Kinder, wir lernen nur,
dass
man ein Paar finden muss
von gleicher Größe,

es fest zusammenbindet
und auf die Schnur hängt.

Aber jene mit kurzem Schwanz,
Aber jene mit abgerissenem Schwanz,
Aber jene, denen wir den Schwanz abreißen
                                        absichtlich
                                        aus Bosheit,
                                        aus Langeweile,
muss man in den Korb werfen.

Wir werden sie alle essen,
                              aber diese
noch vor dem Winter.

Im Hof der Familie

An Nägeln,
auf ewig geschlagen
in die Holzwände des
Schuppens der Erinnerung – verblichene
Fetzen der Kränkung,

ohne Farbe, ohne Form,
halbverrottete Lappen
mit wollenen Resten von Spitze
mit dem letzten weißen Knopf …
War es ein Kragen oder ein Ärmel?
Wer hat sie getragen?
Und wer nähte sie
auf der ratternden Maschine des Elends?

Es ist angenehm
sie mit der Hand zu berühren
                        in der sommerlichen
                            Kühle des Schuppens,
dabei
              Halbvergessenes
zu ertasten, Halblebendes,
Halbschmerzendes,
wie den braunen Schorf
am nicht verheilten
Knie.

Ins Halbdunkel des Schuppens
            tritt jemand
            und reißt von den
            auf ewig eingeschlagenen Nägeln
die alten Lappen der Kränkung.
Klopft Staub und Asche ab,
betrachtet
ihre Formlosigkeit,
und verbrennt sie dann
auf dem Lagerfeuer seiner Geschichte.

In meiner dürfen sie noch ein wenig hängen.

Im Garten der Ahninnen

1

Großmütterchen, Urgroßmütterchen, Ururgroßmütterchen,
klein und durchsichtig, umhüllt
vom staub der erde, pusten in die hände,
flüstern, sitzen in meinen ohren,
haben das ihre gesät:
Hier ist dein Garten,
hier dein Kalender.
Nimm und säe!

Ich höre euch, nehme und säe.
Doch in meinem Garten sprießen
nur blutiges Gras,
nur graue Gram,
nur spärliche Verse,
die stinken nach Schuld und Leid.
 Ist euch leid um mich?

Großmütterchen, Urgroßmütterchen, Ururgroßmütterchen,
klein und durchsichtig,
vor Gott unschuldig,
flüstern, sitzen in meinen Ohren,
haben das ihre gesät:
Hier ist dein Garten,

hier dein Kalender.
Nimm und tu!

Ich höre euch, nehme und tue,
streue samen in die trockene Erde.
Doch in meinem Garten gedeiht
Nur rotes Gras,
nur grüner Gram,
nur leere Worte,
nur Wermutsverse.

2

ich sah in die erde, wie in einen spiegel

kämmte mit den fingerharken
die haare
des kartoffelkrauts
zupfte die verwachsenen brauen
der zwiebel
netzte die trockene haut des gartens
mit feinen tropfen schaler
tränen

besäte die im winter erblindeten beete

damit sich in blumen öffnen
hunderte grüne
wimpern
kümmerte, mühte, sorgte ich mich
um alle und alles
umher
um an den abenden
entkräftet von der arbeit
am hügel einzuschlummern
die zeit einatmend das schicksal ausatmend
geduldig
wartend
auf dass endlich
das leben beginnt

das steinchen

Meine Toten,
was hämmert ihr
in mein Mädchenhirn!
V. Mort

mit rosenwasser
mit geweichtem brot
füttern wir
unsere toten

dass sie mit ihren schnäbeln nicht
an unsere fenster klopfen
dass sie ruhig atmen
und etwas schweigen

in jener welt
wiegt jemand eine wiege
aus meinen haaren

in jener welt
bewässert jemand
die mondäcker
mit meinem monatsblut

in jener welt
näht jemand
aus meinen schwarzen gedanken
samtene futterale
für die spitzen klingen
der blitze

aber meine hellen gedanken
bestickt man mit kreuzstich
wie leinentücher
für die kreuze der künftigen seelen
(unbestickte
legt man zu füßen
der einstigen seelen)

mit meinem speichel
schmieren sie in jener welt
die ratternden räder
der züge, randvoll gefüllt
mit irdischen wünschen
die neben die gleise fallen
wo keiner sie aufliest

unsere toten
trinken rosenwasser
mit schnäbeln
unsere toten
kauen feuchtes brot

mit zahnlosem zahnfleisch
süße tropfen
rinnen über das kinn
unsere toten
nicken schweigend
und danken uns

und ich danke ihnen

im roten lehm
meines herzens
grub ich eine grube
und begrub darin
ein blaues steinchen
es wurzelte
auf jener seite der welt
zum wohl
esst davon
die runden früchte
meiner worte
meine toten

lebt
ich bin euer steinchen

Spiele mit Erinnerung

Von einem Freund aus dem gleichen Dorf
erhielt Großvater als Geschenk
eine selbstgemachte Kopie
seines verlassenen Hauses.

auf der hand groß wie ein feld
glänzt golden
                    strohbedeckt
                                    das haus

in den tiefen furchen der hand
reiften einst roggen gerste weizen
gelber bernstein aus mais
warmer jaspis kartoffel
bienen
          schaukelten
                         überm klee
die dicken lippen der pferde
                              zuckten
                                          vom kitzeln der quecken.

jetzt
auf der aufgerissenen trockenen hand
nur das haus:

die wände
    pappkarton
die türen
        aus papier geschnitten
die fenster blitzen
        zerknitterte folie
durchs gepresste
            stroh des dachs
leuchtet der klebstoff:
                Phönix

durch diese türen tritt man nicht ein
durch diese fenster schaut man nicht hinein
dieses haus – ein spielzeug
nicht für kinder gedacht
ein erwachsenes spielzeug
        für spiele
                mit erinnerung

die weiße uhr
        des großvaterkopfes
                    vermisst
monat um monat

den boden bedecken
                schneeflocken
                abgeschnittener
                    haare

winters großvateraugen
starren unablässig
auf die blasse kopie
                    des verlassenen hauses

trockene großvatergedanken
versteckt im schatten einer
                                blauen
                                sommer
                                veranda

Aus dem Belarusischen von Uljana Wolf

1986

wir konnten euch nicht mitnehmen,
ihr beinlosen häuser.
wir konnten euch nicht auf unseren schultern davontragen,
ihr frisch bestellten gärten.
ihr gräber, wir konnten eure kreuze
nicht mit den wurzeln ausgraben und in reinen boden setzen.

ihr apfelgärten,
die rosa-weißen lider geschlossen,
seid ihr verstummt, in hoffnung auf unsere rückkehr.
und als eure blüten, von cäsium befruchtet,
schließlich rot wurden,
folgten nur die verwilderten, verhungerten katzen
den sternen zu euch zurück,
eure früchte jedoch rührten auch sie nicht an.

die äpfel fielen ab und verfaulten, die kreuze
vertrockneten ohne unsere tränen,
die gärten verfielen unter unkraut begraben
in schweigen.

und unsere häuser alterten,
vor kummer verloren sie verstand und erinnerung.
fremde rissen die dielen samt nägeln heraus,
nahmen die verstaubten pfauenteppiche von den wänden,

stahlen all unsere kranken habseligkeiten,
kranke dinge, die keiner mehr heilen konnte,
dinge, die über ihre krankheit schwiegen.
dinge, ohne die unsere häuser aufhörten,
zuhause zu sein.

… und als wir nach vielen jahren
zu besuch kamen,
winkten uns nur die grabkreuze
mit den bestickten fetzen
alter geschirrtücher.

weder häuser, noch gärten, noch apfelbäume
erkannten uns wieder.
und so sehr unsere guten ahnen
aus ihren frisch gepflegten gräbern
auch baten,
weder häuser, noch gärten, noch apfelbäume
vergaben uns.

Anordnung

1

und danach
aßen sie erdbeeren mit milch
streuten zucker und fischten
die hochroten harten körperchen
der beeren mit gelben muttermalen

und kurz davor …

und danach, die erdbeeren
lagen auf zinnlöffelchen
wie babies
im weißen windeltuch
der milch
leis und klein

und kurz davor …

und danach
rissen sie ihre münder auf
spreizten sie ihre zähne
legten erdbeeren mit gelben sternen
aus kernen in die gruben
ihrer münder

und kurz davor …

und danach
mahlten ihre kiefer
sickerte süßes unter zungen
ronn der zuckersaft
rot in ihre kehlen
ruhte die hand
und reckte sich erneut
nach den bleichen beeren
endete ein langer julitag

und kurz davor … und danach
und kurz davor … und danach

2

Als ich dort ankam
war die riesige Grube schon ausgehoben.
Vielleicht wars auch ein alter
Panzergraben.

Sie führten immer 15 Menschen zur Grube
und reihten sie auf, die Gesichter zu den Schützen.

Der Befehl lautete, ein Schütze
zielte auf die Brust, ein zweiter
auf den Kopf.

Fragt man mich heute
nach anderen Details, antworte ich,
dass ich außer dieser Anordnung
von diesem Tag nichts erinnere.

Nach der Rückkehr sah ich die Soldaten
des 2. Zuges, sie aßen zum Abendessen
Erdbeeren mit Milch.

und danach …

Aus dem Belarusischen von Uljana Wolf

Kein Film

Als Kind
fürchtete ich mich davor
an physische Folter zu denken
und erst recht,
sie zu sehen.

Hochgerollt
die Armel der Feldbluse
Peitsche
Riemen, Knüppel oder Stock
in der Hand.
Bleiche
angespannte
Muskeln:
schlaglüstern
rasend gefletschte
schwarze Rachen:
Schäferhunde
auf der Jagd nach Beute.

Als auf dem Bildschirm
die Hand sich hob über dem Opfer
das an den Stuhl gekettet war
als der gräßliche Hund vorsprang
und spannte sein zahngespicktes Maul

als das Maschinengewehr zielte
auf die unbewaffnete Gestalt
im Schnee
und aus dem Fernseher schoss
das unerbittliche Rat-tat-tat

sprang ich schreiend
hinter die Tür
schloss meine Augen
presste Hände auf Ohren
warf mich aufs Bett und wollte
fortweinen, fortatmen

die furchtbaren Bilder
die ich nie sah.

Manchmal belogen sie mich
aus Mitleid:
das ist doch nur ein Film.

Doch ich spürte den Betrug –
so viele
Filme wie diese
so viele
Bücher wie diese.

Komm und sieh.
Setz dich und lies.
Damit: nie wieder.

Und darum geh ich
zu lesen, zu sehen

und verstehe nicht
warum ein Mensch
einem anderen
Leid zufügt.

Ich höre das Gebell
        der aufgehetzten Schäferhunde
ich sehe die erhobenen Hände der Henker.
Ich springe hinter die Tür
                                        des Landes.
Doch diesen Film kannst du
nicht umschalten, nicht abschalten.

Vor uns endlos flackernder Schnee
und der schwarze Streifen
                                        des Firmaments.

Februar 2021
Aus dem Belarusischen von Uljana Wolf

meiner großmutter

ich war drei
kurz geschoren
wie ein junge
man wusste nicht
dass mein haar
schwer und voll würde
wie deins

und weiß es nicht bis heute
den seil-
zopf hab ich abgeschnitten
und er klopft mir unsichtbar
als erinnerung auf den rücken

ich sollte „ihr" zu dir sagen
als wärest du nicht alleine
in deinem körper
wie hättest du denn auch alleine
bewältigen können
was vorzustellen mich schon graust

gegraust hat es aber auch dich

drei jahre
kannten wir uns

danach
gingen wir
auf unterschiedliche reisen
unter der erde
und darauf

mein name ist ein schatten deines namens
meine augen verfolgen
von der anderen seite wie du
im weißen geblümten tuch

dahinschwimmst

zwei blanke münzen
auf deinen lidern großmutter
tannenwedel aus spitze
auf bestickten tischtüchern
und die abgerissene perlenschnur
deiner stimme hallt noch nach
versprengte laute
nicht mehr in worte zu fassen

unser meer ist die erde
du hast das tau gelöst
schwimmst weit dahin
im hölzernen kahn
ganz hinein ins innere der erde
fort von der schneebedeckten wiese

fort von dürrem und grünem gras
fort von stoppelfeldern und wintersaaten
dorthin wo wärme herrscht und erdvögel
mit zarter stimme singen
dass eine jede dereinst
der hölzerne kahn mitnimmt

und trägt

Aus dem Belarusischen von Thomas Weiler

meinem großvater

wie die ernte des sommers
lese ich spitze stachelsprosse
von deinen schmalen rauen wangen
und lege sie
schwarzen strichen gleich
in deine hand.

die greisen wangen
schwellen nicht an
brennen nicht mehr von dem schmerz
den die samurai-bienen
dir großmütig schenkten.
ihre gestreiften leiber
zu unseren füßen
legen wir dann auf die schippe.

doch zunächst
steht anderes an
zunächst drehen wir munter
wie auf der kirmes
die alukurbel
der honigschleuder.

und keiner kommt uns hinterher
keiner vermag uns zu stoppen –

schneller! fest verkrallt
in den schmalen stegen ihrer zellen
jagen die eckigen waben
scheppernd im kreis
wehrlos und süß strömt
aus dem runden loch im metallenen panzer
der erste honig des jahres.

wenn wir es über haben kommst du
der du den lärmigen trubel
schweigend verfolgtest
setzt dich aufs bänkchen
und drehst selber zufrieden
die von kindlicher hitze erwärmte
kurbel.

kurbelst bis der honig endet.
bis auch der letzte tropfen
aus den waben fällt.
bis die sonne sinkt.
bis die hand einschläft.
bis du selbst himmelwärts schwebst
eine abendbiene.

Aus dem Belarusischen von Thomas Weiler

Der Angststein

Ich habe Angst.
Ich bin daheim.

Als Erbstück erhielt ich
meine Angst –
eine Familienreliquie,
ein wertvoller Stein,
weitergegeben
von Generation zu Generation.

Unser Feldstein ist schlicht und rund,
gestohlen einst
von des Gutsherren Land.

Der Stein hat keinen Mund,
er kann weder schreien
noch sprechen.
Der Stein hat kein Gedächtnis,
bleibt ewig Fötus,
der lediglich langsam
und unerbittlich
wächst.

Einer nach dem anderen nähren wir den Stein
durch die lange Nabelschnur der Ahnen:
Urgroßmütter und Urgroßväter,
Großväter und Großmütter,
Mutter und Vater,
und schließlich ich –
nun ist es an mir.

Die Regeln der Pflege sind einfach:

– zuerst trägst du
den Stein am Herzen,
er trinkt dein Blut und
saugt deine Lebenskraft.
Der Stein gewöhnt dir ab
aus voller Brust zu atmen;

– danach lässt du den Stein
höher steigen,
deine Kehle verstopfen
und deine Worte sieben.
Der Stein gewöhnt dir ab
zu sagen, was du willst;

– und schon kommt die Angst hervor,
umwickelt als steinerne Nabelschnur
deinen Hals, hängt sich an deine Brust und
ist dein ewiges Gegengewicht.

– Ach, wie schön! Haben Sie den von Ihrer Großmutter?

– Ja.

– Geben Sie gut darauf Acht.

– Unbedingt.

Julia Cimafiejeva

ALS SICH MEINE ZUNGE LÖSTE
Meine sprachliche Kurzbiografie

Manchmal müssen wir in Interviews erklären, dass für die meisten zeitgenössischen belarusischen Autor*innen das Belarusische eine Sprache ist, die sie nicht von Geburt an sprechen, sondern eine Sprache, die sie später erlernt, für die sie sich entschieden haben, eine Sprache, mit der sie sich positionieren. Aber ich habe meine Sprache zweimal (oder sogar dreimal) „gewechselt". Dieser Text handelt von meiner Geschichte.

***

Die Hände sind das Kostbarste einer Frau vom Lande. Sie müssen stark sein, flink und geschickt. Sie müssen graben, jäten, Samen und Knollen in die Erde werfen, sie müssen waschen, spülen, auswringen, Holz hacken und Vogelköpfe abschlagen. Sie dürfen weder Kälte noch Hitze noch stachlige Disteln fürchten. Von der Arbeit abgehärtet, können sie nicht eine Stunde ruhen.

Aber die Zunge einer Frau vom Lande sollte kurz und kraftlos sein. Die Zunge wird bei der Arbeit nicht gebraucht, Gespräche lassen sich gut bei eintönigen Arbeiten – beim Kartoffellesen oder Spinnen – führen. Die Zunge kann singen, damit sich die arbeitsamen Hände nicht so langweilen. Die Zunge kann schimpfen, wenn es sein muss. Aber je stärker sie ist, desto schlechter läuft die Arbeit. Eine geschickte Zunge nimmt den Händen ihre Geschicklichkeit, eine scharfe Zunge kann andere verletzen, eine lose Zunge verrät Familiengeheimnisse. Halte deine Zunge im Zaum, Frau, sei schlau.

Meine Hände habe ich natürlich geerbt. Mit kurzen, derben Fingernägeln, knotigen Fingern, mussten sie flink das Unkraut aus der Erde ziehen, gewandt die Laken im kalten Wasser auswringen, behände an den rauen Zitzen des Kuheuters ziehen, die althergebrachte Ordnung stützen. Aber meine Hände waren zu klein und zart geraten, sie wollten nicht geschickter und gröber werden, wollten nicht lernen, wollten nicht so richtig erwachsen werden.

Meine Zunge hingegen ist irgendwie gewachsen und hat sich gestreckt. Sie ließ weder mich noch meine Verwandten in Ruhe. Meine Zunge, nicht meine Hände, wollte ständig arbeiten. Die Zunge wollte Wörter zu Sätzen und Zeilen zusammenfügen, die Zunge wollte laut lesen, die Zunge wollte streiten und beweisen, dass sie recht hatte, der Zunge war es in meinem Mund zu eng, die Zunge verlangte mehr Platz, suchte nach einer neuen Sprache. Die Zunge beschloss eines Tages, dass es ihr reicht, und nahm mich meinen eigenen Eltern weg. Den Händen blieb nichts anderes übrig, als sich der eigensinnigen Zunge zu fügen, den Koffer auf die Schultern zu werfen und uns in die Stadt zu bringen.

***

Als ich fünfzehn war, kam ich in die Englischklasse des Gymnasiums von Homel. Davor hatte ich neun Jahre lang eine belarusischsprachige Schule besucht und mein ganzes Leben in einer ländlichen Umgebung mit ihrer bunten Sprachmischung aus Trasjanka und Dialektismen gelebt. Die Bevölkerung unseres Dorfes bestand aus Einheimischen und Menschen, die aus der Tschernobylzone zugezogen waren: aus den Bezirken Brahin, wie meine Familie, und Chojniki. Ganze Straßen, darunter auch unsere, entstanden dank der „Umsiedler", wie wir genannt wurden. Hierher, in die Gegend von Schlobin, hatten wir unsere polessischen Mundarten mitgebracht, für die manchmal eine Übersetzung gebraucht wurde. Zum Beispiel habe ich kaum verstanden, was die Oma meiner jungen Freundinnen, die aus Dronki stammte, sagte. Und da kam ich in eine Stadt, wo die einzige Sprache eines gebildeten Menschen, und als genau solche wollten uns unsere neuen Lehrer*innen sehen, das Russische war.

Natürlich hatte ich die Sprache im Fernsehen gehört, Bücher auf Russisch gelesen und Gedichte auswendig gelernt. Mama hatte schon mit mir Puschkin gelernt, als ich die Bedeutung der meisten Wörter in seinen Gedichten nur erahnen konnte: *„Burjamgloju nebakrojet wichri sneschnyjekrutja"*. Niemand in unserer Familie verwendete solche Wörter. Das bekannteste und zugleich merkwürdigste Wort in diesem Gedicht war eins, das so ähnlich wie *„kruschka"*, Krug, klang – konnte man denn über so gewöhnliche Dinge Lyrik schreiben?

Die Schüler*innen vom Dorf versuchten, im Unterricht die Sprache ihrer sowjetischen Heimat zu sprechen. Aber die Lehrerin, der ihr Russisch in unseren Augen nicht weniger Schönheit und Erhabenheit verlieh als ihr farbenprächtiges Schultertuch, verlangte von den Dorftrotteln, die sich in Zukunft nur mit den Kühen abzugeben hatten, gar keine Perfektion. Erst in der Stadt wurde mir bewusst, dass ich das Unkraut der Trasjanka aus meinem Kopf tilgen musste.

Kompetent und richtig Russisch sprechen zu lernen, war eine unumgängliche, wenn auch ungeschriebene Bedingung, um in die gymnasiale Gemeinschaft aufgenommen zu werden. Aber für Jugendliche „aus der Provinz" gar nicht so einfach. Die Gleichaltrigen, die das Glück gehabt hatten, in der Gebietsstadt geboren zu sein, betrachteten sie wegen ihres „Dorfakzents" ein bisschen spöttisch und verächtlich. Ach, diese Glückspilze aus Homel, die von klein auf ein weiches R und Tsch aussprechen konnten, nicht lispelten und nicht zispelten und die man um ihr klangvolles G nur beneiden konnte!

Aber meine freche Zunge wollte nicht zurückbleiben, machte sich die russische Sprache innerhalb weniger Wochen zu eigen, übernahm die nötigen Laute, verschluckte die „unerwünschten", und das so schnell und geschickt, dass sich alle wunderten, wenn die Zunge gestand, dass sie eigentlich vom Dorf kam. Die Zunge wurde immer stolzer, während sich meine roten Hände hinter dem Rücken versteckten.

In meinem Streben nach Reinheit der Sprache meldete ich mich sogar für die fakultative „Sprachkultur" an, die eine Universitätsdozentin unterrichtete. Natürlich handelte es sich um „russische Sprachkultur". Nach Ansicht der Dozentin sollte unsere Aussprache zu einem reinen Destillat werden, frei von jedweden regionalen Besonderheiten für empfindliche Ohren aus Moskau oder Petersburg. In der ersten Unterrichtsstunde erklärte sie lächelnd, warum wir laut und deutlich sprechen sollten, wie bestimmte Vokale richtig verschluckt werden und dergleichen mehr … Als sie jedoch zu Vorwürfen wegen phonetischer Besonderheiten, die dem Einfluss des Belarusischen geschuldet waren, überging, hielt ich es nicht länger aus und verließ wortlos die Gruppe.

Während der Schulzeit fuhr ich alle zwei bis drei Wochen für das Wochenende zu meinen Eltern. Im Dorf sprach ich dieselbe Sprache wie früher. Meine Zunge löste sich, wenn sie wieder in der gewohnten Umgebung war, wechselte in die vertraute Trasjanka, als hätte sie gleich nach der Ankunft die Stadtkleidung abgelegt, sich etwas Warmes und Gemütliches angezogen und sich zum Abendessen gesetzt. Aber selbst am Abendbrottisch mit Bouletten und gekochten Kartoffeln, „*Saloniki*", wie sie in unserer Familie hießen, fühlte sich die Zunge nicht mehr ganz zu Hause. Die Hände hackten und lasen immer noch Kartoffeln, zusammen mit allen anderen, strengten sich an, nicht zurückzubleiben, aber die Zunge fand keine Ruhe mehr, denn die Sprache der Kultur und Kunst, für die sie damals die russische Sprache hielt, juckte mit einem fremden, verführerischen Beigeschmack.

Das Belarusische blieb auf dem Gymnasium nur für den Belarusischunterricht. Meine Aufsätze wurden ungeachtet ihrer Grammatikfehler oft der ganzen Klasse als positives Beispiel vorgelesen. Aber in den Pausen wechselte die Lehrerin so wie alle zum Russischen. Manchmal hatte ich den Eindruck, dass meine „städtischen" Mitschüler*innen sogar stolz darauf waren, dass sie diese „kulturlose" Sprache gar nicht richtig sprechen konnten und trotzdem gute Noten bekamen.

Natürlich hatten wir auch Englisch. Sieben Stunden in der Woche, Texte, Tests, das Wörterbuch unter dem Kopfkissen. Eine Übungssprache, eine Spielsprache, eine Schulsprache. Ich kannte nicht einen einzigen Menschen, der Englisch auf Muttersprachniveau beherrschte, ich dachte nicht im Traum daran, einmal nach London zu fahren. Die Sprache, die ein beachtlicher Teil der Weltbevölkerung sprach und ein noch größerer Teil sprechen sollte, erschien mir leblos, als trockener Dialog im Lehrbuch und mit krächzenden Stimmen auf Tonband fixiert.

***

Aber es war nicht genug, Russisch sprechen zu lernen, in dieser Sprache ein anderer Mensch zu werden. Mit diesem Menschen musste man auch seine Verwandten bekannt machen, die einen ja in- und auswendig kannten. Auch wenn man so tat, als hätte man sich verändert.

Meine Eltern kamen mich nicht oft am Gymnasium besuchen. Aber jedes Mal wurde meine Zunge im Mund groß und trocken. Sie ließ sich kaum bewegen, schämte sich ihrer dörflichen Herkunft, die jetzt für alle sichtbar wurde. Die Zunge wählte ihre Worte sorgfältig, hatte Angst, etwas Falsches zu sagen, wenn meine Verwandten und die Bekannten vom Gymnasium sich begegneten. Die Zunge versuchte, mal so und mal so zu sprechen, verwendete Wörter aus ihren beiden Welten, war sprachlos, verwirrt, verging vor Scham, wechselte aber zum Russischen, jedes Mal entschlossener. Die Zunge erkämpfte und verteidigte ihren neuen Raum, zeigte, wo zu bleiben sie vorhatte, wo sie sich wohlfühlte, wo sie weiter wachsen wollte. Es ist mir peinlich, jetzt darüber zu sprechen, es war mir auch damals peinlich – aber wäre ich ohne diesen Bruch dort, wo ich jetzt bin?

Ich erinnere mich an einen Film über eine Samin im Schweden der 1930er Jahre. Das Mädchen lernt in einer Schule zusammen mit anderen samischen Kindern, die von ihren Familien getrennt worden waren. Nette Onkel und Tanten verbieten ihnen, miteinander ihre Muttersprache zu sprechen, gewöhnen sie an das Schwedische, um sie dann in den Norden zum Rentiere hüten zurückzuschicken. Aber das Mädchen möchte nicht zurück, sie ist fest entschlossen, weiter zu lernen, obwohl das von den schwedischen Erziehern nicht vorgesehen ist. Sie sagt sich von ihrer Vergangenheit los, von ihrer Sprache, und kehrt erst im Alter in ihre Heimatregion zurück, zusammen mit ihrem Sohn und ihrer Enkelin. Der Film ist sicher sentimental. Aber teilweise habe ich auch deshalb geweint, weil mich die Geschichte dieses Mädchens, wenn auch sehr entfernt, an meine eigene erinnert hat.

***

Mein zweiter „Sprachwechsel" fand zehn Jahre später statt. Belarusisch sprach ich wieder, als ich schon in Minsk war. Mit der Zeit gab es in meinem Arbeitsumfeld und Freundeskreis immer mehr Belarusischsprachige. Belarusisch war die Sprache, die ich auf der Arbeit sprach und schrieb, Belarusisch wurde zur Sprache meiner Kreativität und meiner Emotionen. Die leuchtenden Edelsteine der Kultur, die ich durch meine russischsprachige Erziehung entdeckt hatte, wurden matt. Meine neue Sprache zeigte sie in einem neuen Licht. Die Zunge fühlte sich im Mund wieder wohl.

Es ist interessant und seltsam, dass das Belarusische früher das Image einer „Dorfsprache" hatte. Das sollte heißen, dass es von ungebildeten, einfachen und natürlich völlig kulturlosen Menschen gesprochen wurde. Von Menschen, die die Arbeit mit den Händen sehr viel mehr schätzten als die mit der Zunge. Das hat sich erst in den letzten Jahrzehnten verändert. Jetzt stehen belarusischsprachige Menschen eher unter dem Verdacht, „bewusste" Bürger*innen zu sein, als vom Lande zu kommen. Und auch die belarusische Sprache selbst hat sich verändert, sie hat sich von Dialektismen gelöst, wurde durch die Siebe von Wörterbüchern und Lehrbüchern gefiltert und ist auch zu einem Destillat geworden.

Die Schriftsprache, das „Hochbelarusische", um eine Analogie zum Begriff „Hochdeutsch" zu bilden, hat alle möglichen lokalen Varianten des mündlichen Belarusischen ersetzt. Wir sprechen alle das gleiche Belarusisch, sprechen wie Durchschnittsbewohner*innen einer unpersönlichen Großstadt. (Ist das immer noch Minsk?)

„Wie ich höre, so schreibe ich", wurde uns in der Schule beigebracht, aber daraus wird ein „Wie ich schreibe, so spreche ich". Die Hände, die die Tasten drücken oder den Stift halten, bestimmen, wie die Zunge spricht. Die lokale Bindung unserer Sprache hat sich verwischt. Und wie mir scheint, hat sie das mit der russischen Sprache gemeinsam, mit jener russischen Sprache, die zu sprechen ich gelernt habe, als ich fünfzehn war.

Aber vielleicht gibt es für die belarusische Umgangssprache zunächst auch keinen anderen Weg? Vielleicht, wenn es die Unterrichtssprache an jeder Schule wäre, auf dem Land und in der Stadt, würde sich auch eine lokale Vielfalt entwickeln? Und dann würde sich in (nicht allzu) ferner Zukunft die Sprache eines belarusischsprachigen Mädchens aus Masyr ganz klar von der Aussprache von jemandem, beispielsweise, aus Polazk unterscheiden? Und das würde auch zu einer Art lokalem Stolz beitragen, den gegenwärtig bei Weitem nicht alle Bewohner*innen belarusischer Dörfer und Städte empfinden.

Diese Gedanken kommen nicht von einer patriotischen polessischen Sehnsucht nach dem Verlorenen, obwohl ich viele Dialektwörter meiner Kindheit völlig vergessen habe: Die Dialektsprecher*innen verlassen uns und mit ihnen verstummen für immer ihre unverwechselbaren Mundarten. Selbstgewebte Bettwäsche und selbstbestickte Trachten, von geschickten Händen geschaffen, bleiben uns zumindest als Museumsexponate erhalten, aber Wörter kann man einer Kleiderpuppe nicht anziehen, auch wenn es interessant wäre.

Ich schreibe das und wundere mich über mich selbst. Wie die Samin aus dem Film glaube ich, dass ich alles richtig gemacht habe, indem ich gegangen bin, und dass eine Rückkehr zu der ursprünglichen lokalen Sprache tatsächlich nicht möglich ist. Besonders jetzt, wo wir der Wahrheit ins Auge blicken müssen: Das Russische dominiert im Land, das Belarusische verwenden aktiv Tausende und nicht Millionen, für Schüler*innen ist Belarusisch schwieriger als Englisch, weil sie letzteres zumindest öfter hören und mehr Sinn darin sehen.

Aber dann habe ich meine österreichische Bekannte vor Augen, die uns zuliebe Hochdeutsch spricht, aber mit Familie und Freunden ganz einfach in den steirischen Dialekt wechselt. Der Lokalpatriotismus ist bei den Steirern im Allgemeinen stark ausgeprägt. Auch die Schweizer sind stolz auf ihre Dialekte. Als ich angefangen habe, Norwegisch zu lernen, habe ich gleich in der ersten Stunde gehört, dass es keine allgemeine Umgangssprache gibt und wir den Osloer Dialekt lernen werden. Später hatten wir dann einen Lehrer, der den Dialekt von Stavanger sprach, und mussten uns an ihn gewöhnen, weil das Verstehen der verschiedenen Dialekte in Norwegen eine alltägliche Notwendigkeit ist. Nur Ausländer*innen sprechen „Schriftsprache".

Einmal war ich mit einem bekannten belarusischen Lyriker im Ausland unterwegs, der sich weigerte, im Gespräch mit einer Schwedin, die nur Russisch und Englisch konnte, ins Russische zu wechseln. Ich musste für ihn dolmetschen und mich bei ihr entschuldigen. „Der Mensch kann nur eine Sprache haben", erklärte mir der Maestro, „genau wie eine Mutter." Und diese Sprache muss rein sein wie das Wörterbuch Krapiwas, keine Trasjanka, keine Dialektismen. Eine sehr bequeme Position für jemanden, der sich weigert, einen Blick über die Grenzen seines eigenen engen Kreises hinaus zu werfen.

***

Aber zurück zu meiner Familie. Mit der Zeit verlor die Sprachsituation natürlich an Dramatik. Das Teenageralter geht glücklicherweise vorüber und damit kommt unweigerlich die Selbstannahme. Jetzt spreche ich mit meinen Eltern wieder Trasjanka und schreibe ihnen auf Belarusisch. Leider ist das nicht mehr diese würzige Trasjanka, die ich in den 1980ern gehört habe, und viele Dialektausdrücke habe ich auch schon vergessen. Mit meinem Partner, mit Kollegen und Freunden aus Belarus spreche ich Belarusisch, mit meiner Schwester, die in Homel lebt, Russisch, so hat es sich ergeben.

Außerdem ist Englisch eine Sprache meiner Alltagskommunikation geworden – jene Sprache, die mir den Weg aus einem kleinen Dorf in die große weite Welt geebnet hat. Manchmal kommt auch noch Deutsch hinzu.

Und meine Hände sind schon völlig der Landarbeit entwöhnt, sind durch das Tippen auf der Tastatur verwöhnt und weiß geworden. Jetzt entscheidet die Zunge, was sie zu tun haben, und die Zunge ernährt uns.

Aus dem Belarusischen von Lydia Nagel
Zuerst veröffentlicht auf toledo-programm.de
„City of Translators: Minsk"

Editorische Notiz

Diese Sammlung ist eine Originalausgabe der *edition*.fotoTAPETA.

Die von der Autorin hier aufgenommenen Gedichte
Mother Tongue, Spiele mit Erinnerung, Anordnung, Kein Film
sind erstmals im Rahmen des Projekts VERSSCHMUGGEL veröffentlicht worden. Sie sind abgedruckt in dem Band „VERSschmuggel / Кантрабанда паэзіі – Poesie aus Belarus und Deutschland". Wir danken den HerausgeberInnen Karolina Golimowska, Alexander Gumz und Thomas Wohlfahrt sowie dem Verlag DAS WUNDERHORN. © DAS WUNDERHORN

Die deutsche Fassung der Gedichte
geduldsunterricht, verhaftet, eine woche in Graz
wurde im Rahmen eines Projekts des Literarischen Colloquiums Berlin erstellt. Wir danken dem LCB für die Unterstützung.

Die Gedichte
1986, meiner großmutter (als „Der Kahn"), meinem großvater
sind bereits in dem Band „ZIRKUS" veröffentlicht worden, der 2019 in der *edition*.fotoTAPETA erschien.

Die Gedichte
Der Angststein, My European Poem
sind in der Flugschrift „BELARUS! Das Weibliche Gesicht der Revolution" enthalten, die 2020 in der *edition*.fotoTAPETA erschien.

Diese von der Autorin zusammengestellte Sammlung ist eine Originalausgabe der *edition*.fotoTAPETA. Einige der aufgenommenen Gedichte sind bereits in anderen Zusammenhängen veröffentlicht worden. Die Angaben dazu finden sich in der editorischen Notiz. Wir danken insbesondere dem Verlag DAS WUNDERHORN für die freundliche Unterstützung.

ISBN 978-3-949262-20-3

Umschlaggestaltung: Gisela Kirschberg, Berlin
Satz und Gestaltung: Gisela Kirschberg, Berlin
Druck: GGP Media Gmbh, Pößneck
Gesetzt in der Frutiger und Arial